卷下

唐韻揚州卷下

盧仝

盧仝范陽人隱少室山自號玉川子徵諫議不起韓愈爲河南令愛其詩厚禮之後因宿王涯第罹甘露之禍

楊子津

風卷魚龍暗楚關白波沈却海門山鵬騰鼇倒且快性地坼天開總是閑

揚州送伯齡過江

伯齡不厭山山不養伯齡松顛有樵墮石上無禾生不忍六尺軀遂作東南行諸侯盡食肉壯氣吞八紘不唧溜鈍漢何由通姓名夷齊餓死日武王稱聖明節義士

枉死何異鴻毛輕努力事千謁我心終不平

客淮南病

揚州蒸毒似燂湯客病清枯鬢欲霜且喜閉門無俗物四肢安穩一張牀

蕭宅二三子贈答詩二十首 并序

蕭才子修文行名聞將遷家于洛賣揚州宅未售玉川子客揚州羈旅識蕭遂館蕭未售之宅既而蕭有事于歙州玉川子欲歸洛憶蕭遂與砌下二三子酬酢說相媿意俄而二三子有憂宅售心與其他人手孰與洛客以蕭故亦有勉強不能逆其情文以見意遂盡録寄蕭天知地知非苟有所欲

二三子心遠訥君子蕭乎蕭乎君歸不得見者細
長三四片者乎

客贈石

竹下青莎中細長三四片主人雖不歸長見主人面

石讓竹

自顧撥一作掇不轉何敢當主人竹弟有清風可以娛嘉賓

竹荅客

竹弟謝石兄清風非所任隨分有蕭瑟實無堅重心

石請客

竹弟雖讓客不敢當客恩自慙埋没久滿面蒼苔痕

客荅石

遍索天地間彼此最癡癖主人幸未來與君爲莫逆

石荅竹

石報孤竹君此客甚高調共我相共癡不怕主人天下
笑我非蛺蝶兒我非桃李枝不要兒女撲不要春風吹
苔蘚印我面雨露皴我皮此故不嫌我突兀常相知此
客即西歸我心徒依依我欲隨客去累重不解飛知弟
虛心亦待客此客何以共報之

竹請客

我本泰山阿避地到南國主人欲移家我亦要歸北上
客幸先歸願託歸飛翼唯將脩脩風累路報恩德

客謝竹

揚州駿雜地不辨龍蚚當作蜥蝪客身正乾枯行處無膏澤
太山道不遠相庇實無力君若隨我行必有煎茶卮

石請客

啓母是諸母三十六峰是諸父知君家近父母家小人
安得不懷土憐君與我金石交君歸可得共載否小人
無以報君恩使君池亭風月古

客謝石

我有水竹莊甚近嵩之巔是君歸休處可以終天年雖
有提攜勞不憂糧食錢但恐主人心疑我相釣竿

石再請客

主人若知我應喜我結得君主人不知我我住何求于

主人我在天地間自是一片物可得杠壓我使我頭不
出

客許石

石公說道理句句出凡格相知貴知心豈恨主爲客過
須歸去來旦晚上無厄主人誠賢人多應不相責

井請客

我生天地間頗是往還數已劾炊爨勞我亦不願住君
有造化力在君一降顧我願拔黃泉輕舉隨君去

客謝井

改邑不改井此是井卦辭井公莫怪驚說我成憨癡我
縱有神力爭敢將公歸揚州惡百姓疑我卷地皮

馬蘭請客

蘭蘭是小草不怕郎君罵願得隨君行暫到嵩山下

客請馬蘭

嵩山未必憐蘭蘭蘭蘭已受郎君恩不須刷帚跳蹤走只擬蘭浪一作郎出其門

蛺蝶請客

粉末爲四體春風爲生涯願得紛飛去與君爲眼花

客答蛺蝶

君是輕薄子莫窺君子腸且須看雀兒雀兒銜爾將

蝦蟆請客

凡有水竹處我曹長先行願君借我一勺水與君晝夜歌德聲

客請蝦蟆

蝦蟆蟆叩頭莫語人聞聲揚州蝦蜆忽得便腥臊臭穢逐我行我身化作青泥坑

贈金鵝山人沈師魯 第二十一句缺一字

金鵝山中客來到揚州市買藥牀頭一破顔撇然便有上天意日月高挂玄關深金膏切淬肌骨異人皆食穀與五味獨食太和陰陽氣浩浩流珠走百關綿綿若存有深致種玉不耕山外非内粹鑿儒關決文泉彰風雅因君不復墜光不外照刃不磨迴避人間惡富貴三日四日五六日盤礴化元搜萬類晝飲興酣陶天和夜話

造微　精魅示我插血不死方賞我風格不肥膩肉眼不識天上書小儒安敢窺奥祕崑崙路隔西北天三山後浮不著地君到頭來憶我時金簡爲吾鐫一字

元稹

元稹字微之河南河内人幼孤母鄭賢而文親授書傳舉明經書判入等補校書郎元和初應制策第一除左拾遺歷監察御史坐事貶江陵士曹參軍徙通州司馬自虢州長史徵爲膳部員外郎拜祠部郎中知制誥召入翰林爲中書舍人承旨學士進工部侍郎同平章事未幾罷相出爲同州刺史改越州刺史兼御史大夫浙東觀察使太和初入爲尚書左丞檢校户部尚書兼鄂州刺史武昌軍節度使年五十三卒贈尚書右僕射稹自少與白居易倡和當時言詩者稱元白號爲元和體其集與居易同名長慶

蒼溪縣寄揚州兄弟

蒼溪縣下嘉陵水入峽穿江到海流憑仗鯉魚將遠信雁回時節到揚州

白居易

白居易字樂天下邽人貞元中擢進士第補校書郎元和初對制策入等調盩厔尉集賢校理尋召爲翰林學士左拾遺拜贊善大夫以言事貶江州司馬徙忠州刺史穆宗初徵爲主客郎中知制誥復乞外歷杭蘇二州

刺史文宗立以祕書監召遷刑部侍郎俄移病除太子賓客分司東都拜河南尹開成初起爲同州刺史不拜改太子少傅會昌初以刑部尚書致仕卒贈尚書右僕射謚曰文自號醉吟先生亦稱香山居士與同年元稹酬詠號元白與劉禹錫酬詠號劉白長慶集詩二十卷後集詩十七卷別集補遺二卷

百鍊鏡　辨皇王鑒也

百鍊鏡（一本疊此三字）鎔範非常規日辰處所（一作置處）靈且祇（一作奇）江心波上舟中鑄五月五日日午時瓊粉金膏磨瑩已化爲一片秋潭水鏡成將獻蓬萊宮揚州長吏（一作史）手自封（一作鈿函金匣鎖幾重）人間臣妾不合照（一作用）背有九五飛天龍人人呼爲天子鏡我有一言聞太宗太宗常以人爲鏡鑒古鑒今不鑒容四海安危居掌内百王治亂懸心中乃知天子別有鏡不是揚州百鍊銅

鹽商婦　惡幸人也

鹽商婦多金帛不事田農與蠶績南北東西不失家風水爲鄉船作宅本是揚州小家女嫁得西江大商客綠鬟富（一作溜）去金釵多皓腕肥來銀釧窄前呼蒼頭後叱婢問爾因何得如此壻作鹽商十五年不屬州縣屬天子每年鹽利入官時少入官家多入私官家利薄私家厚鹽鐵尚書遠不知何況江頭魚米賤紅膾黃橙香稻飯飽食濃妝倚柁樓兩朵紅顋花欲綻鹽商婦有幸嫁鹽

商終朝美飯食終歲好衣裳好衣美食來何（一作有來）處亦須慙愧桑弘羊桑弘羊死已久不獨漢時今亦有

隋堤柳 憫亡國也

隋堤柳歲久年深盡衰朽風飄飄兮雨蕭蕭三株兩株汴河口老枝病葉愁殺人曾經大業年中春大業年中煬天子種柳成行夾流水西自黃河東至（一作接）淮綠陰一千三百里大業末年春暮月柳色如煙絮如雪南幸江都恣佚遊應將此柳繫龍舟紫髯郎將護錦纜青娥御史直迷樓海內財力此時竭舟中歌笑何日休上荒下困勢不久宗社之危如綴旒（一本此下有煬天子自言歡樂殊未極豈知明年正朔歸武德三句）煬天子自言福祚長無窮豈知皇子封酅公龍舟未過彭城閤義旗已入長安宮蕭牆禍生人事變晏駕不得歸秦中土墳數尺何處葬吳公臺下多悲風二百年來汴河路沙草和煙朝復暮後王何以鑒前王請看隋堤亡國樹

與夢得同登棲靈塔（一無棲字）

半月悠悠在廣陵何樓何塔不同登共憐筋力猶堪在上到棲靈第九層

夢蘇州水閣寄馮侍御

揚州驛裏夢蘇州夢到花橋水閣頭覺後不知馮侍御（一作御史）此中昨夜共誰遊

和春深二十首選一

何處春深好，春深妓女家。眉欺楊柳葉，裙妬石榴花。蘭麝熏行被，金銅釘坐車。杭州蘇小小，人道最夭（伊耶反）斜。

洛下送牛相公出鎮淮南

北闕至東京，風光十六程。坐移丞相閣，春入廣陵城。紅旆擁雙節，白鬚無一莖。萬人開路看，百吏立班迎。閫外君彌重，尊前我亦榮。何須身自得，將相是門生。（元和初，牛相公應制策登第三等，予為翰林考覈官。）

奉酬淮南牛相公思黯見寄二十四韻（每對雙關，分叙兩意）

白老忘機客，牛公濟世賢。鷗棲心戀水，鵬舉翅摩天。累就優閑（一作賢）秩，連操造化權。貧司甚蕭灑，榮路自喧闐。望苑三千日，台階十五年。是人皆棄忘，何物不陶甄。（居易三任宮寮，

皆分司東都，於茲八載。思黯出入外內凡十五年，皆同平章事。）籃轝遊嵩嶺，油幢鎮海壖。竹篙撐釣艇，金甲擁樓船。雪夜尋僧舍，春朝列妓筵。長齋儼香火，密宴簇花鈿。自覺閑勝鬧，遥知醉笑禪。是非分未定，會合杳無緣。我正思楊府，君應望洛川。西來風裊裊，南去雁連連。日落龍門外，潮生瓜步前。秋同一時盡，月共兩鄉圓。舊眷交歡在，新文氣調全。慙無白雪曲，難荅碧雲篇。金谷詩誰賞，蕪城賦衆傳。珠應哂魚目，鈆未伏龍泉。遠訊（一作許）驚魔物，深情寄酒錢。霜紈一百疋，玉柱十三弦。（思黯遠寄箏來，先寄詩云：但愁封寄去，魔物或驚禪。仍與酒資同去。）楚醴來尊裏，秦聲（一作箏）送耳邊。何時（一作如）紅燭下，相對一陶然。

王播

王播字明敭其先太原人父恕爲揚州倉曹參軍遂家焉播與弟炎起皆有文名並擢進士長慶初拜相太和初復專政卒贈太尉詩三首

淮南游故居感舊酬西川李尚書德裕

昔年獻賦去江渚今日行春到却悲三徑僅存新竹樹四鄰惟見舊孫兒辟閭潛認偷光處川上寧忘結網時更見橋邊記名姓始知題柱免人嗤

題木蘭院（一作惠照寺）二首

播少孤貧嘗客揚州惠照寺木蘭院隨僧齋餐僧厭怠乃齋罷而後擊鐘後二紀播自重位出鎮是邦因訪舊游向之題名皆以碧紗幕其詩播繼以二絕句

三十年前此院遊木蘭花發院新修如今再到經行處樹老無花僧白頭

上堂已了各西東慚愧闍黎飯後鐘三十年來塵撲面如（一作而）今始得碧紗籠

盧殷（宋時避諱改作隱）

盧殷范陽人爲登封尉

維揚郡西亭贈友人

萍颯風池香滿船楊花漠漠暮春天玉人此日心中事何似乘羊入市年

徐凝

徐凝睦州人元和中官至侍郎

憶揚州

蕭娘臉下難勝淚桃葉眉頭（一作尖）易得愁天下三分明月
夜二分無賴是揚州

李德裕

李德裕字文饒趙郡人宰相吉甫子也以蔭補校書郎拜監察御史穆宗即位擢翰林學士再進中書舍人未幾授御史中丞牛僧孺李宗閔追怨吉甫出德裕爲浙江觀察使太和三年名拜兵部侍郎宗閔秉政復出爲鄭滑節度使踰年徙劍南西川以兵部尚書召俄拜中書門下平章事封贊皇縣伯宗閔罷代爲中書侍郎集

賢殿大學士鄭注李訓怨之乃召宗閔拜德裕爲興元節度使入見帝自陳願留闕下復拜兵部尚書爲王璠李漢所譖貶太子賓客分司東都再貶袁州刺史未幾徙滁州開成初起爲浙西觀察使遷淮南節度使武宗立召爲門下侍郎同中書門下平章事拜太尉封衛國公當國凡六年威名獨重於時宣宗即位罷爲荊南節度使白敏中令狐綯使黨人搆之貶崖州司户參軍卒德裕少力學善爲文雖在大位手不去書會昌一品集二十卷別集十卷外集四卷

奉送相公十八丈鎮揚州（一作和王播遊故居感舊）

千騎風生大旆舒春江重到武侯廬共懸龜印銜新綬

同憶鱣庭訪舊居取履橋邊啼鳥換釣璜溪畔落花（一作霞）
初（一作野花踈）今來卻笑臨卭客入蜀空馳使者車

李涉

李涉洛陽人初與弟渤同隱廬山後應陳許辟憲宗時爲太子通事舍人尋謫峽州司倉叅軍太和中爲太學博士復流康州自號清谿子集二卷

京口送朱晝之淮南（一作寄贈妓人）

兩行客淚愁中落萬樹山花雨後（一作裏）殘君到揚州見桃葉爲傳風水渡江難

陸暢

陸暢字達夫吳郡人元和元年登進士第爲皇太子僚

屬後官鳳翔少尹

贈賀若少府

十日廣陵城裏住聽君花下撫金徽新聲指上懷中紙莫怪潛偷數曲歸

張又新

張又新字孔昭工部侍郎薦之子元和中擢第歷左右補闕坐李逢吉黨貶江州刺史後附李訓遷刑部郎中訓死復貶申州刺史

贈廣陵妓

雲雨分飛二十年當時求夢不曾眠今來頭白重相見還上襄王玳瑁筵

李紳

李紳字公垂潤州無錫人爲人短小精悍於詩最有名時號短李元和初擢進士第補國子助教不樂輒去李錡辟掌書記錡抗命不爲草表幾見害穆宗召爲右拾遺翰林學士與李德裕元稹同時號三俊歷中書舍人御史中丞户部侍郎敬宗立李逢吉搆之貶端州司馬徙江州長史遷滁壽二州刺史以太子賓客分司東都太和中擢浙東觀察使開成初遷河南尹宣武節度使武宗即位名拜中書侍郎同平章事進尚書右僕射封趙郡公居位四年以檢校右僕射平章事節度淮南卒贈太尉謚文肅追昔游詩三卷雜詩一卷

宿揚州

江橫渡濶烟波晚潮過金陵落葉秋嘹唳塞鴻經楚澤淺深紅樹見揚州夜橋燈火連星漢水郭帆檣近斗牛今日市朝風俗變不須開口問迷樓

早渡楊子江（時王璠在浙西）

日衡海浪翻銀屋江轉秋波走雪山青嶂迴開蹲虎戍碧流潛伏躍龍關地分吴楚星辰内水迫滄溟宇宙間焚却戍船無戰伐使知風教被烏蠻

宿瓜州

煙昏水郭津亭晚（一作曉）迴望金陵若動摇衝浦迴風翻宿浪照沙低月歛殘潮柳經寒露看蕭索人改衰容自寂

寥官冷舊諳唯旅館歲陰輕薄是涼颸

潮水舊通揚州郭内大曆已後潮信不通李頎詩

入揚州郭

鸕鷀山頭片雨晴揚州郭裏見潮生此可以驗

菊芳沙渚殘花少柳過秋風墜葉疎堤繞門津喧井市路交村陌混樵漁畏衝生客呼童僕欲指潮痕問里閭非爲掩身羞白髮自緣多病喜肩輿

宿揚州水一本無水字館

舟依淺岸一作浦參差合橋映晴虹上下連輕檝過時搖水月遠燈繁處隔秋煙却思海嶠還悽歎近涉江濤更凜然閑凭欄干指星漢尚疑軒蓋在樓船

鮑溶

鮑溶字德源元和進士第與韓愈李正封孟郊友善集五卷

隋宮

御街多行客一作行客路行客悲春風楚一作野老幾代人種田煬帝宮零落池臺勢高低禾黍中

隋帝陵下

白露沾衣隋主宮雲亭月館楚淮東盤龍樓艦浮寃水雕錦帆幢使亂風長夜應憐桀何罪告成合笑禹無功傷心近似驪山路陵樹無根秋草中

隋宮

柳塘煙起日西斜竹浦風迴鴈弄沙煬帝春遊古城在
壞宫芳草滿人家

淮南臥病（一本無此四字）感路羣侍御訪别

西臺御史重難言落木疎籬遶病魂一望青雲感驄馬
欵行黄草（一作葉）出柴門

淮南臥病聞李相夷簡移軍山陽以靖東寇感
激之下因抒長句

太白星前龍虎符元臣出將順天誅敎聞清淨蕭丞相
計立安危范大夫玉帳黄昏大刁斗月營寒曉小單于
魯連未必蹈滄海應見麒麟新畫圖

讀淮南李相行營至楚州詩

閫外建牙威不賓古來戡難憶忠臣巳分舟楫歸元老
更使熊羆屬丈人玄象合教滄海晏青龍喜應太山春
來年二月登封禮去望台星扈日輪

和淮南李相公夷簡喜平淄青迴軍之作

横笛臨吹發曉軍元戎幢節拂寒雲搜山羽騎乘風引
下瀨樓船背水分天際獸旗摇火燄日前魚甲動金文
馬毛不汗東方靖行見蕭何第一勛

隋家井

玉鉤欄下寒泉水金轆轤邊影照人此水今爲九泉路
數（一作）枝花照數堆塵

施肩吾

施肩吾字希聖洪州人元和十年登第隱洪州之西山
爲詩奇麗西山集十卷

及第後過揚子江

憶昔將貢年抱愁此江邊魚龍互閃爍黑浪高於天今
日步春一作青草復一作還來經此道江神也世情爲我風色好

戲贈李主簿

官罷江南客恨遥二年空被酒中消不知暗數春游處
偏憶揚州第幾橋

送裘秀才歸淮南

怪來頻起詠刀頭楓葉枝邊一夕秋又向江南别才子
却將風景過揚州

姚合

姚合陜州硤石人宰相崇曾孫登元和進士第授武功
主簿調富平萬年尉寶曆中監察御史户部員外郎出
荆杭州刺史後爲給事中陜虢觀察使開成末終秘書
監與馬戴費冠卿殷堯藩張籍遊李頻師之合詩名重
於時人稱姚武功云詩七卷

送崔約下第歸揚州

滿座詩人吟送酒離城此會亦應稀春風下第時稱屈
秋卷呈親自東歸日晚山花當馬落天陰水鳥傍船飛
江邊道路多苔蘚塵土無由得上衣

送陸暢侍御歸揚州

故園偏接近雲水洞庭邊歸去知何日相逢各長年山川南北路風雪别離天楚色窮冬燒淮聲獨夜船從軍丞相府談笑酒杯前

揚州春詞三首

廣陵寒食天無霧復無煙煖日凝花柳春風散管弦園林多是宅車馬少於船莫喚遊人住遊人困不眠

滿郭是春光街衢土亦香竹風輕履舄花露膩衣裳谷鳥鳴還豔山夫到更狂可憐遊賞地煬帝國傾亡

江北煙光裏淮南勝事多市鄽持燭入鄰里漾船過有地惟栽竹無家不養鵝春風蕩城郭滿耳是笙歌

周賀

周賀字南卿東洛人初爲浮屠名清塞杭州太守姚合愛其詩加以冠巾改名賀詩一卷

送朱慶餘（一作廣陵道逢方干）

野客行無定全家在浦（一作渭）東寄眠（一作懷）僧閣靜（一作迥）贈别橐金空舊里千山隔歸舟百計同藥資如有分相約老吴中（一作丘）

秋思（一本題上有巴陵二字）

楊柳（一作揚州）已秋思（一作寒色）楚田仍（一作方）刈禾歸心病起切敗葉夜來多細雨城蟬（一作鴉）噪殘（一作夕）陽嶠客過舊山（一作故鄉一作古都）餘業在杳隔洞庭波

崔涯

崔涯吳楚間人與張祜齊名詩八首

別妻

隴上泉流隴下分斷腸嗚咽不堪聞嫦娥一入月中去
巫峽千秋空白雲

雜嘲二首

二年不到宋家東阿母深居僻巷中含淚向人羞不語
琵琶弦斷倚屏風

日暮迎來香閤中百年心事一宵同寒雞鼓翼紗窗外
已覺恩情逐曉風

悼妓

赤板橋西小竹籬槿花還似去年時淡黃衫子渾無色
腸斷丁香畫雀兒

章孝標

章孝標桐廬人登元和十四年進士第除祕書省正字
太和中試大理評事詩一卷

淮南李相公紳席上賦春雪

六出花飛處處飄粘窗著（一作拂）砌上寒條朱門到曉（一作晚）難
盈尺盡是三軍喜氣消

及第後寄廣陵故人（一作寄淮南李相公紳）

及第全勝十政（一作改）官金鞍鍍（一作湯渡）了出長安馬頭漸入（一作向）
揚州郭爲報時人洗眼看

顏非熊

顧非熊況之子性滑稽好凌轢困舉場三十年穆宗長慶中登進士第累佐使府大中間爲盱眙尉慕父風棄官隱茅山詩一卷

送造微上人歸淮南覲兄

到家方坐夏柳巷對兄禪雨斷蕪城路虹分建鄴天赴齋隨野鶴迎水上漁船終擬歸何處三湘思渺然

瓜洲送朱萬言

渡頭風晚葉飛頻君去還吴我入秦雙淚別家猶未斷不堪仍送故鄉人

張祜

張祜字承吉清河人以宫詞得名長慶中令狐楚表薦之不報辟諸侯府多不合自劾去嘗客淮南愛丹陽曲阿地築室卜隱集十卷

隋宫懷古

廢宫深苑路煬帝此東行往事餘山色流年是水聲古牆丹雘盡深棟黒煤生惆悵從今客經過未了情

禪智寺

寳殿依山嶮臨虚勢若吞畫簷齊木末香砌壓雲根遠景窗中岫孤煙竹裏一作海上村憑高聊一望鄉思隔吴門

揚州法雲寺雙檜

謝家雙植本圖一作南榮樹老人因一作亡地變更朱頂鶴知深蓋偃白眉僧見小枝生高臨月殿一作户秋雲影靜入風簷

(一作廊)夜雨聲縱使(一作從此)百年爲上壽綠陰終借暫時(一作是借君)行

瓜洲聞曉角

寒耿稀星照碧霄月樓吹角夜江遥五更人起煙霜靜
一曲殘聲遍(一作送)落潮

題金陵渡

金陵津渡小山樓一宿行人自可愁潮落夜江斜月裏
兩三星火是瓜州

縱遊淮南

十里長街市井連月明橋上看神仙人生只合揚州死
禪智山光(一作邊)好墓田

裵夷直

裵夷直字禮卿河東人擢進士第文宗時歷右拾遺禮部員外郎進中書舍人武宗即位出刺杭州斥驩州司戸參軍宣宗初復拜江華等州刺史終散騎常侍

揚州寄諸子

千里隔烟波孤舟宿何處遥思耿不眠淮南夜風雨

朱慶餘

朱慶餘名可久以字行越州人受知於張籍登寶曆進士第詩二卷

送張景宣下第東歸(一作歸揚州覲省)

歸省值花時閑吟落第詩高情憐道在公論覺才遺春
雨連淮暗私(一作官)船過馬遲離心可惆悵爲有入城期

將之上京別淮南書記李侍御

心（一作北）地偶相見語多爲別難詩成公府晚路入翠微寒逢石自應坐有花誰共看身爲當（一作惟當隨）去鴈雲盡到長安

送崔約下第歸淮南覲省

遠憶拜親留不住出門行計與誰同程途半是依船上請謁多愁值雨中堰水靜連隄樹綠村橋時映野花紅迴期須及來春事莫便江邊逐釣翁

杜牧

杜牧字牧之京兆萬年人太和二年擢進士第復舉賢良方正沈傳師表爲江西團練府巡官又爲牛僧孺淮

南節度府掌書記擢監察御史移疾分司東都以弟顗病棄官復爲宣州團練判官拜殿中侍御史內供奉累遷左補闕史館修撰改膳部員外郎歷黃池睦三州刺史入爲司勳員外郎常兼史職改吏部復乞爲湖州刺史踰年拜考功郎中知制誥遷中書舍人卒牧剛直有奇節不爲齪齪小謹敢論列大事指陳病利尤切其詩情致豪邁人號爲小杜以別甫云樊川詩四卷外集詩一卷別集詩一卷

揚州三首

煬帝雷塘土迷藏有舊樓誰家唱水調明月滿揚州（煬帝鑿汴渠成自造水調）駿馬宜閑出千金好舊（一作暗）游喧闐醉年少半脫

紫茸裘

秋風放螢苑春草鬬雞臺金絡擎鵰去鸞環拾翠來蜀船紅錦重越橐水沈堆處處皆華表淮王奈却回街垂千步柳霞映兩重城天碧臺閣麗風涼歌管清纖腰間長袖玉珮雜繁纓拖軸誠爲壯豪華不可名自是荒淫罪何妨作帝京

題揚州禪智寺

雨過一蟬噪飄蕭松桂秋青苔滿階砌白鳥故遲留暮靄生深樹斜陽下小樓誰知竹西路歌吹是揚州

將赴宣州留題揚州禪智寺

故里溪頭松柏雙來時盡日倚松窓杜陵隋苑已絕國

秋晚南遊更渡江

隋堤柳

夾岸垂楊三百里秖應圖畫最相宜自嫌流落西歸疾不見東風二月時

寄揚州韓綽判官

青山隱隱水迢迢（一作遙遙）秋盡江南草木凋二十四橋明月夜玉人何處教吹簫

贈別二首

娉娉褭褭十三餘荳蔻梢頭二月初春風十里揚州路（一作郭）卷上珠簾總不如

多情却似總無情唯（一作但）覺尊前笑不成蠟燭有心還惜

別替人垂淚到天明

遣懷

落魄（一作托）江南（一作湖）載酒行楚腰腸斷（一作纖細）掌中輕十年一覺揚州夢贏（一作占）得青樓薄倖名

隋苑（一作李商隱詩題云定子）

紅霞（一作濃檀）一抹廣陵春定子當筵（一作初開）睡臉新却笑喫虧隋煬帝破家亡國爲誰（一作何）人

牧陪昭應盧郎中在江西宣州佐今吏部沈公幕罷府周歲公宰昭應牧在淮南縻職叙舊成二十二韻用以投寄

燕鴈下揚州涼風柳陌愁可憐千里夢還是一年秋宛

水環朱檻章江敞碧流謬陪吾益友祗事我賢侯印組縈光馬鋒鋩看解牛井閭安樂易冠蓋愜依投政簡稀開閣功成每運籌送春經野塢遲日上高樓玉裂歌聲斷霞飄舞帶收泥情斜拂印別臉小低頭日晚花枝爛釭凝粉彩稠未曾孤酩酊剩肯隻淹留重德俄徵寵諸生苦宦遊分途之絕國灑淚拜行輈聚散眞漂梗光陰極轉郵銘心徒歷歷屈指盡悠悠君作烹鮮用誰膺仄席求卷懷能憤悱卒歲且優遊去矣時難遇沽哉價莫酬滿枝爲鼓吹衷甲避戈矛隋帝宮荒草秦王土一丘相逢好大笑除此揔雲浮

隋宮春

龍舟東下事成空蔓草萋萋滿故宮亡國亡家爲顏色露桃猶自恨春風

許渾

許渾字用晦丹陽人故相圉師之後太和六年進士第爲當塗太平二縣令以病免起潤州司馬大中三年爲監察御史歷虞部員外郎睦郢二州刺史潤州有丁卯橋渾別墅在焉因以名其集集二卷

廣陵道中

城勢已坡陀城邊東逝波綠桑非苑樹青草是宮莎山暝牛羊少水寒鳧鴈多因高一回首還詠黍離歌

廣陵送剡縣薛明府赴任

車馬楚城壕清歌送濁醪露花羞別淚煙草讓歸袍鳥浴春塘暖猨吟暮嶺高尋仙在仙骨不用廢(一作發)牛刀

傷馮秀才

旅葬不可問茫茫西隴頭水雲(一作煙)青草濕山月白楊愁琴信有時罷劒傷無處留淮南舊煙月孤棹更(一作又)逢秋(一作淮南今夜月孤棹倚西樓)

汴河亭

廣陵花盛帝東游先劈崑崙(一作光碧黃河)一派流百二禁兵辭象闕三千宮女下龍舟凝雲鼓震星辰動拂浪旗(一作旌)開日月浮四海義師歸有道迷樓還似(一作何異)景陽樓

和淮南王相公與賓僚同游瓜洲別業題舊書

齋

碧油紅旆想青衿積雪窗前盡日吟巢鶴去時雲樹老卧龍歸處石潭深道傍苦李猶垂實城外甘棠已布陰賓御莫辭巖下醉武丁高枕待爲霖

瓜洲留別李詡

泣玉三年一見君白衣顦顇更離羣柳(一作楊)堤惜別春潮落(一作晚)花樹留歡夜漏分孤館宿時風帶雨遠帆歸處水連雲悲歌曲盡莫重奏心遶關河不忍聞

送沈卓少府任江都(一作趙嘏詩)

煬帝都城春水邊笙歌夜上木蘭船三千宮女自(一作日)塗地十萬人家如洞天豔豔花枝官舍晚重重雲影寺牆連少年作尉須兢(一作矜)愼莫向樓前墜(一作踏)馬鞭

宿水閣

野客從來不解愁等閑乘月海西頭未知南陌誰家子夜半吹笙入水樓

李商隱

李商隱字義山懷州河內人令狐楚帥河陽奇其文使與諸子游楚從天平宣武皆表署巡官開成二年高鍇知貢舉令狐綯雅善鍇獎譽甚力故擢進士第調弘農尉以忤觀察使罷去尋復官又試拔萃中選王茂元鎮河陽愛其才表掌書記以子妻之得侍御史茂元死來游京師久不調更依桂管觀察使鄭亞府爲判官亞謫

循州商隱從之凡三年乃歸茂元與亞皆李德裕所善綯以商隱爲忘家恩謝不通京兆尹盧弘正表爲府參軍典箋奏綯當國商隱歸窮自解綯憾不置弘正鎮徐州表爲掌書記久之還朝復干綯乃補太學博士柳仲郢節度劍南東川辟判官檢校工部員外郎府罷客滎陽卒商隱初爲文瑰邁奇古及在令狐楚府楚本工章奏因授其學商隱儷偶長短而繁縟過之時溫廷筠段成式俱用是相誇號三十六體樊南甲集二十卷乙集二十卷玉溪生詩三卷

隋宮

紫泉宮殿鎖煙霞欲取蕪城作帝家玉璽不緣歸日角錦帆應是到天涯于今腐草無螢火終古垂楊有暮鴉地下若逢陳後主豈宜重問後庭花

隋宮 一云隋堤

乘輿南遊不戒嚴九重誰省諫書函春風舉國裁宮錦半作障泥半作帆

劉得仁

劉得仁貴主之子長慶中郇以詩名自開成至大中三朝昆弟皆歷貴仕而得仁出入舉場三十年卒無成集一卷

送友人下第歸覲

君此卜行日高堂應夢歸莫將和氏淚滴著老萊衣嶽

雨連河細田禽出麥飛到家調膳後吟苦落蟬（一作送斜暉）

薛逢

薛逢字陶臣蒲州河東人會昌初擢進士第授爲萬年尉直弘文館歷侍御史尚書郎出爲巴州刺史復斥蓬州尋以太常少卿名還歷給事中遷祕書監卒集十卷

送韓絳歸淮南寄韓綽先輩

島上花枝繫釣船隋家宮畔水連天江帆自落鳥飛外月觀靜依春色邊門巷草生車轍在朝廷恩及鴈行聯相逢且（一作莫）問昭（一作揚）州事曾鼓莊盆對逝川

送盧緘歸揚州

曾向雷塘寄掩扉荀家燈火有餘輝關河日暮望空極

楊柳渡頭人獨（一作未）歸隋苑荒臺風裊裊灞陵殘雨夢依依今年春色還相悞爲我江邊謝釣磯

趙嘏

趙嘏字承祐山陽人會昌二年登進士第大中間仕至渭南尉卒嘏爲詩贍美多興味杜牧嘗愛其長笛一聲人倚樓之句吟歎不已人因目爲趙倚樓有渭南集三卷編年詩二卷

廣陵答崔琛

棹倚隋家舊院墻柳金梅雪撲簷香朱樓映日重重晚碧水含光灔灔長八斗已聞傳姓字一枝何足計行藏聲名官職應前定且把旌麾（一作紅旌）入醉鄉

寄淮南幕中劉員外

郎官何遜最風流愛月憐山不下樓三佐戎旃換朱紱一辭蘭省見清秋桂生巖石本瀟灑鶴到煙空更自由休向西齋久閑卧滿朝傾蓋是依劉

獻淮南李僕射

早年曾謁富民侯(一作人)今日難甘失鵠羞新諾似山無力負舊恩如水滿身流馬嘶紅葉蕭蕭晚日照長江灔灔秋功德萬重知不惜一言抛得百生愁

廣陵城(一作孟遲詩)

紅映高臺綠繞城城邊春草傍墻生隋家不向此中盡汴水應無東去聲

贈歙州妓

灔灔橫波思有餘庾樓明月晴雲初揚州寒食春風寺(一作市)看遍花枝盡不如

廣陵道

鬬鷄臺邊花照塵煬帝陵下水含春青雲回翅北歸雁白首哭途何處人

淮南丞相坐贈歌者虞姹

綺筵無處避梁塵虞姹清歌日(一作白)日新來值渚亭花欲盡一聲留得滿城春

新月

玉鉤斜傍畫簷生雲匣初開一寸明何事最能悲少婦

夜來依約落邊城

和杜侍郎題禪智寺南樓

樓畔花枝拂檻紅露天香動滿簾風誰知野寺遺鈿處盡在相如春思中

馬戴

馬戴字虞臣會昌四年進士第宣宗大中初太原李司空辟掌書記以正言被斥爲龍陽尉懿宗咸通末佐大同軍幕終太學博士詩集一卷

廣陵曲

蔥蘢桂樹枝高繫黃金羈葉隱青蛾翠花飄白玉墀上鳴間關鳥下醉遊俠兒煬帝國已破此中都不知

送皇甫協律淮南從事

辟書丞相草招作廣陵行隋柳疎淮岸汀洲接海城楚檣經雨泊煙月隔潮生誰與同尊俎雞鸞集虎營

易重

易重字鼎臣宜春人會昌五年進士第官至大理評事詩一首

廣陵城（一作趙嘏詩）

紅遶高臺綠遶城城邊春草傍墻生隋家不向此中盡汴水應無東去聲

劉綺莊

劉綺莊毘陵人初爲崑山尉宣宗時官州刺史集十卷

今存詩二首

揚州送人

桂檝木蘭舟楓江竹箭流故人從此去望遠不勝愁落日低帆影歸風引櫂謳思君折楊柳淚盡武昌樓

李羣玉

李羣玉字文山澧州人性曠逸赴舉一上而止惟以吟詠自適裵休觀察湖南延致之及爲相以詩論薦授弘文館校書郎未幾乞假歸卒集三卷後集五卷

廣江驛餞筵留別

別筵欲盡秋一醉海西樓夜雨寒潮水孤鐙萬里舟酒飛鸚鵡重歌送鷓鴣愁惆悵三年客難期此處遊

將遊羅浮登廣陵楞伽臺別羽客

清遠登高臺晃朗縱覽歷濯泉喚仙風於此盪靈魄泠光邀（一作激）遠目百里見海色送雲歸蓬壺望鶴滅秋碧波瀾收日氣天自（一作上）回澄寂百越落掌中十洲點空白身居飛鳥上口詠玄元籍飄如出塵籠想望吹簫客冥冥人間世歌笑不足惜揭來羅浮巔披雲煉瓊液謝公雲岑興可以躡高跡吾將抱瑶琴絕境縱所適

賈島

賈島字浪（一作閬）仙范陽人初爲浮屠名無本來東都時洛陽令禁僧午後不得出島爲詩自傷韓愈憐之因敎其爲文遂去浮屠舉進士詩思入僻當其苦吟雖逢公卿

貴人不之覺也累舉不中第文宗時坐飛謗貶長江主簿會昌初以普州司倉參軍遷司户未受命卒有長江集十卷小集三卷

送沈鶴

家楚壻於秦攜妻去養親陸行千里外風卷一帆新夜泊疏山雨秋吟擣藥輪蕪城登眺作（一作後）才動廣陵人

尋人不遇（一作寄人）

聞說到揚州吹簫有舊游人來多不見莫是上迷樓

溫庭筠

溫庭筠本名岐字飛卿太原人宰相彥博裔孫少敏悟才思豔麗韻格清拔工爲詞章小賦與李商隱皆有名

稱溫李然行無檢幅數舉進士不第思神速每入試押官韻作賦凡八义手而成時號溫八义徐商鎮襄陽署爲巡官不得志去歸江東後商知政事頗右之欲白用會商罷相楊收疾之貶方城尉再遷隋縣尉卒集二十八卷

蔣侯神歌

楚神鐵馬金鳴珂夜動蛟潭生素波商風刮水報西帝廟前古樹蟠白虵吳王赤斧斫（一作砍）雲陣畫堂列壁叢（一作戟排）霜刃巫娥傳意托悲絲鐸語琅琅理雙鬟湘煙刷翠湘山斜東方日出飛神鴉青雲自有黑龍子潘妃莫結丁香花

法雲寺（一本無寺字）雙檜（一作晉朝柏樹）

晉朝名輩此離羣想對濃陰去住分題處尚尋王内史畫時應是顧将軍長廊夜靜聲疑雨古殿秋深影勝雲一下南臺到人世曉（一作晚）泉清籟更難（一作誰）聞

經故秘書崔監揚州南塘舊居

昔年曾識范安成（一作謝宣城）松竹風姿鶴性情西掖曙河横漏響北山秋月照江聲（一作唯向舊山留月色偶逢秋澗似琴聲）乘舟覓吏經輿縣爲酒求官得步兵千頃水流通故墅至今留得謝公名（一作玉柄寂寥譚客散却尋池閣淚縱横）

感舊陳情五十韻獻淮南李僕射

嵇紹垂髫日山濤筮仕年琴樽陳席（一作座）（一作八）上紈綺拜牀

前鄰里纔三徙雲霄已九遷感深情戃怳言發淚潺湲憶昔龍圖盛方今鶴羽全桂枝香可襲楊葉舊（一作射）頻穿玉籍標人瑞金丹化地仙賦成攢筆寫歌出滿城傳既矯排虚翅将持造物（一作化）權萬靈思鼓鑄羣品待陶甄視草絲綸出持綱雨露懸法行黄道内居近翠華邊書迹臨湯鼎吟聲接舜絃白麻紅燭夜清漏紫微天雷電隨神筆魚龍落彩牋閑宵陪雍畤清暑在甘泉耿介非持祿優游是養賢冰清臨百粵風靡化三川委寄崇推轂威儀壓控弦梁園提彀騎淮水换戎旃照日青油濕迎風錦帳鮮黛蛾（一作娥）陳二八珠履列三千舞轉廻紅袖歌愁歛翠鈿滿堂開照曜（一作耀）分座儼嬋娟油額芙蓉帳香

塵瑇瑁筵繡旗隨影合金陣似波旋緹幕深迴互朱門暗接連彩虬蟠畫戟花馬立金鞭有客將誰託無媒竊自憐抑揚中散曲漂泊孝廉船未展干時策徒抛負郭田轉蓬猶邈爾懷橘更潸然投足乖蹊逕冥心向簡編未知魚躍地空媿鹿鳴篇（余嘗忝京兆薦名居其副）稷下期方至漳濱病未痊（一年抱疾不赴鄉薦試有司）定非籠外鳥眞是殼中蟬蕙逕隣幽澮荊扉興靜便草堂苔點點蔬圃（一作圃）水濺濺釣罷溪雲重樵歸澗月圓嬾多成宿疢愁甚似春眠木直終難怨膏明只自煎鄭鄉空健羡陳榻未招延旅食逢春盡羇遊爲事牽宦無毛義檄婚乏阮脩錢冉弱營中柳披敷幕下蓮儻能容委質非敢望差肩澀劒猶堪淬餘朱或可研從師當鼓篋窮理久忘筌折簡能榮瘁遺簪莫棄捐韶光如見借寒谷變風煙

過孔北海墓二十韻

撫事如神遇臨風獨涕零墓平春草綠碑折古苔青珪玉埋英氣山河孕炳靈發言驚辨囿撝翰動文星蘊策期干世持權欲反經激揚思壯志（一作氣）流落歎頹齡惡木人皆息貪泉我獨醒輪轅無匠石刀几有庖丁碌碌迷藏器規規守挈瓶憒容凌鼎鑊公議動朝廷故國將辭寵危邦竟緩刑鈍工磨（一作上卿廉）白璧凡石礪青萍揭日昭東夏摶風滯北溟後塵遵軌轍前席詠儀型（一作形）木秀當憂悴弦傷不底寧矜誇遭斥（一作尺）鶚光彩困飛螢白羽留

談柄清風襲德馨鸞凰嬰雪刃狼虎犯雲屏蘭蕙荒遺址榛蕪蔽舊垌轘轅近一作遠沂水何事戀明庭一作羨君雖不稼猶得到明庭

送淮陰孫令之官

隋堤楊柳煙孤櫂正悠然蕭寺通淮戍蕪城枕楚壖一作田魚鹽橋上市燈火雨中船故老青葭岸先知虙子賢

劉駕

劉駕字司南江東人登大中進士第官國子博士詩一卷

賈客詞

賈客燈下起猶言發已遲高山有疾路暗行終不疑寇盜伏其路猛獸來相追金玉四散去空囊委路岐揚州有大宅白骨無地歸少婦當此日對鏡弄花枝

劉滄

劉滄字蘊靈魯人大中八年進士第調華原尉遷龍門令詩一卷

經煬帝行宮

此地曾經翠輦過浮雲流水竟如何香銷南國美人盡怨入東風芳草多殘柳宮前空露葉夕陽川上浩煙波行人遙起廣陵思古渡月明聞棹歌

李頻

李頻字德新睦州壽昌人少秀悟逮長廬西山多所記覽其屬辭於詩尤長給事中姚合名爲詩士多歸重頻

裴虔餘（一作乾）

裴虔餘咸通末佐北門李相蔚淮南幕乾寧初官太常少卿

柳枝詞詠篙水濺妓衣

半額微黄（一作滿額蛾黄）金縷衣玉搔頭裹鳳雙飛（一作翠翹浮動玉釵垂）從教水濺羅裙濕還道朝來（一作知道巫山）行雨歸

李嶸

李嶸咸通時人詩一首

獻淮南帥（一作獻李僕射）

雞樹煙含瑞氣凝鳳池波待玉山澄國人久倚東關望擬築沙堤到廣陵

高駢

高駢字千里南平郡王崇文之孫家世禁衛幼頗修飭折節爲文學初事朱叔明爲司馬後歷右神策軍都虞候秦州刺史咸通中拜安南都護進檢校刑部尚書以都護府爲静海軍授駢節度兼諸道行營招討使僖宗立加同中書門下平章事遷劒南西川節度進檢校司徒封燕國公徙荆南節度加諸道行營都統鹽鐵轉運等使俄徙淮南節度副大使廣明初進檢校太尉東面都統京西京北神策軍諸道兵馬等使封渤海郡王爲部將畢師鐸所害詩一卷

廣陵宴次戲簡幕賓

一曲狂歌酒百分蛾眉畫出月爭新將軍醉罷無餘事
亂把花枝折贈人

汪遵（一作王遵）

汪遵宣城人幼爲縣吏後辭役就貢咸通七年登進士

汴河

隋皇意欲泛龍舟千里崑崙水別流還待春風錦颿暖
柳陰相送到迷樓

隋柳

夾浪分堤萬樹餘爲迎龍舸到江都君看靖節高眠處
只向衡門種五株

許棠

許棠字文化宣州涇縣人咸通十二年登進士第授涇
縣尉又嘗爲江寧丞集一卷

送李員外知楊子州留務（一作後）

帝命分留務東南向楚天幾程迴送騎中路見迎船治
例開山鑄民多酌海煎青雲名素重此去豈經年

講德陳情上淮南李僕射八首（選二）

帝念淮壖疫疹頻牢籠山海委名臣古來比德由無侶
當代同途豈有人夜宴獨吟梁苑月朝遊重見廣陵春
多年疲瘵全蘇息須到謳謠日滿秦

東來淮海拜旌旗不把公卿一字書曾侍晚齋吟對雪
又容華館食兼魚孤微自省恩非次際會誰知分有餘

唯耻舊橋題處在榮歸無計似相如

汴河十二韻

昔年開汴水元應別有由或兼通楚塞寧獨爲揚州直斷平蕪色橫分積石流所思千里便豈計萬方憂首甚貲功濟終難弭宴遊空懷龍舸下不見錦帆收浪倒長汀柳風欹遠岸樓奔逾懷許竭澄徹泗濱休路要多行客魚稀少釣舟日鬧天際晚鴈合磧西秋一派注滄海幾人生白頭常期身事畢於此泳東浮

皮日休

皮日休字襲美一字逸少襄陽人性傲誕隱居鹿門自號間氣布衣咸通八年登進士第崔璞守蘇辟軍事判官入朝授太常博士黃巢陷長安僞署學士使爲讖文疑其譏己遂及禍集二十八卷

揚州看辛夷花

臘前千朶亞芳叢細膩偏勝素柰功螓首不言披曉雪麝臍無主任春風一枝拂地成瑤圃數樹參庭是蘂宮應爲當時天女服至今猶未放全紅

宿木蘭院

木蘭院裏雙棲鶴長被金鉦聒不眠今夜宿來還似爾到明無計夢雲泉

木蘭後池三詠

重臺蓮花

欹紅婑媠力難任每葉頭邊半米金可得教他水妃見
兩重元是一重心

浮萍

嫩似金脂颺似煙多情渾欲擁紅蓮明朝擬附南風信
寄與湘妃作翠鈿

白蓮

但恐醍醐難並潔秖應薝蔔可齊香半垂金粉知何似
靜婉臨溪照額黃

重題後池

細雨闌珊眠鷺覺鈿波悠漾並鴛嬌適來會得荆王意
秖爲蓮莖重細腰

汴河懷古二首

萬艘龍舸綠絲間載到揚州盡不還應是天教開汴水
一千餘里地無山

盡道隋亡爲此河至今千里賴通波若無水殿龍舟事
共禹論功不較多

胥口即事六言二首

波光杳杳不極霽景澹澹初斜黑蛺蝶粘蓮蘂紅蜻蜓
褭菱花鴛鴦一處兩處舴艋三家五家會把酒船偎荻
共君作箇生涯

拂釣清風細麗飄蓑暑雨霏微湖雲欲散未散嶼鳥將
飛不飛換酒帩頭把看載蓮艇子撐歸斯人到死還樂

誰道剛須用機

陸龜蒙

陸龜蒙字魯望蘇州人元方七世孫舉進士不第辟蘇湖二郡從事退隱松江甫里多所論撰自號天隨子以高士召不赴李蔚盧攜素重之及當國召拜拾遺詔方下卒光化中贈右補闕集二十卷

寄淮南鄭（一作竇）寳書記

記室千年翰墨孤唯君才學似應徐五丁驅得神功盡二酉搜來祕檢疎煬帝帆檣留澤國淮王牋奏入班書清詞醉草無因（一作人）見但釣寒江半尺鱸

和襲美揚州看辛夷花次韻

柳疎梅墮少春叢天遣花神别致功高處朶稀難避日動時枝弱易爲風堪將亂蘂添雲肆若得千株（一作枝）便雪宮不待羣芳應有意等閑桃杏即爭紅

和襲美木蘭院次韻

苦吟清漏迢迢極月過花西尚未眠猶憶故山欹警枕夜來嗚咽似流泉

和襲美木蘭後池三詠

重臺蓮花

水國煙鄉足芰荷就中芳瑞此難過風情爲與吴王近紅萼常教一倍多

浮萍

晚來風約半池明重疊侵沙綠罽成不用臨池更相笑
最無根蔕是浮名

白蓮

素蘤多蒙别豔欺此花真（一作端）合在瑶池還應（一作無情）有恨無
（一作何）人覺月曉風清欲墮時

和襲美重題後池

曉煙清露暗相和浴雁浮鷗意緒多却是陳王詞賦錯
枉將心事托微波

宫人斜

草著（一作樹）愁煙似不春晚鶯哀怨問行人須知一種埋香
骨猶勝昭君作虜塵

和胥口即事

雨後山容若動天寒樹色如消目送迴汀隱隱心隨挂
鹿摇摇白蘋知秋露裛青楓欲暮煙饒莫問吴趨行樂
酒旗竿倚河橋

把釣絲隨浪遠采蓮衣染香濃綠倒紅飄欲盡風斜雨
細相逢斷岸沈漁⿱罒約⿱罒各（約⿱罒各二音魚網也）鄰村送客⿰舟龍⿰舟卯即是清
霜剖野乘閑莫厭來重

張喬

張喬池州人咸通中進士黄巢之亂罷舉隱九華

寄維揚故人

離别河邊綰柳條千山萬水玉人遥月明記得相尋處

城鎖東風十五橋

李山甫

李山甫咸通中累舉不第依魏博幕府爲從事嘗逮事
樂彦禎羅弘信父子文筆雄健名著一方詩一卷

隋堤柳

曾傍龍舟拂翠華至今凝恨倚天涯但經春色還秋色
不覺楊家是李家背日古陰從北朽逐波疎影向南斜
年年只有晴風便遥爲雷塘送雪花

方干

方干字雄飛新定人徐凝一見器之授以詩律始舉進
士謁錢塘太守姚合合視其貌陋甚卑之坐定覽卷乃
駭目變容館之數日登山臨水無不與焉咸通中一舉
不得志遂遯會稽漁於鑑湖太守王龜以其亢直宜在
諫署欲薦之不果干自咸通得名迄文德江之南無有
及者歿後十餘年宰臣張文蔚奏名儒不第者五人請
賜一官以慰其魂干其一也後進私謚曰玄英先生門
人楊弇與釋子居遠收得詩三百七十餘篇集十卷

旅次洋(一作揚)州寓居郝氏林亭

舉目縱然非我有思量似(一作如)在故山時鶴盤遠勢投孤
嶼蟬曳殘聲過别枝凉月照窗(一作牀)欹枕倦澄泉遶石泛
觴遲青雲未得平行去夢到江南身旅羈(一作夢到江頭身在茲)

羅隱

羅隱字昭諫餘杭人本名横十上不中第遂更名從事湖南淮潤無所合久之歸投錢鏐累官錢塘令鎮海軍掌書記節度判官鹽鐵發運副使著作佐郎奏授司勳郎朱全忠以諫議大夫召不行魏博羅紹威推爲叔父表薦給事中年七十七卒隱少聰敏既不得志其詩以風刺爲主有歌詩集十四卷甲乙集三卷外集一卷

汴河

當時天子是閑遊今日行人特地愁柳色縱饒妝故國水聲何忍到揚州乾坤有意終難會黎庶無情豈自由應笑秦皇用心錯謾驅神鬼海東頭

賀淮南節度盧員外賜緋

儉蓮高貴九霄聞粲粲朱衣降五雲驄馬早年曾避路銀魚今日且從軍御題綵（一作緋）服垂天眷袍展花心透縠紋應笑當年老萊子鮮華都自降明君

春日獨遊禪智寺

樹遠連天水接空幾年行樂舊隋宮花開花謝（一作落）還（一作長）如此人去人來自不同鸞（一作楚）鳳調高何處酒吳牛蹄健滿車風思量只合騰騰醉煑海平陳一（一作盡）夢中

和淮南李司空同轉運員外（一本題下有送韋士赴四字 一作同轉運盧員外賜緋）

層層高閣舊瀛洲此地須徵第一流丞相近年縈（一作榮）倚望重才今日喜遨遊榮持健筆金黄貴恨咽離筵管吹秋誰繼伊皐送行句梁王詩好郢人愁

后土廟

四海兵(一作干)戈尚未寧始於雲外學(一作謾勞淮海寫)儀形九天玄女猶無聖后土夫人豈有靈一帶好雲侵鬢綠兩層(一作危行)岫拂眉青韋郎年少知何在(一作耽閑事)端坐思量(一作案上休看)太白經

廣陵開元寺閣上作

滿檻山川漾落暉檻前前事去如飛雲中雞犬劉安過月裏笙歌煬帝歸江壓海門帆散去地吞淮口樹相依

廣陵秋日酬進士臧濆見寄

驛西斜日滿窗前(一作蟬)獨凭秋欄思渺綿(一作然)數尺斷蓬慚故國一輪清鏡泣流年已知世事真徒爾縱有心期亦偶然空媿荀家好兄弟鴈來魚去是因緣

淮南送李司空朝覲

聖君宵旰望時雍丹詔西來雨露濃宣父道高(一作楚客狂歌)休歎鳳武侯才大本吟(一作猶)龍九州似鼎終須負萬物爲銅只待鎔臘後春前更何事便看經度奏東封

秋日禪智寺見裴郎中題名寄韋瞻

野寺疎鐘萬木秋偶尋題處認名侯官離南郡應閑暇地勝東山想駐留百醆濃醪成別夢兩行垂露瀞羈愁心知只有韋公在更對真蹤話舊遊

廣陵春日憶池陽有寄

煙水濛濛接板橋數年經歷駐征橈醉凭危檻波千頃

愁倚長亭柳萬條別後故人冠獬豸病來知己賞鷦鷯
清流夾宅千家住會待閑乘一信潮

淮南高駢所造迎仙樓

鸞音鶴信杳難迴鳳駕龍車早晚來仙境是誰知處所
人間空自造樓臺雲侵朱檻應難到蟲一作塵網閑窗永不
開子細思量成底事露凝風擺作塵埃

廣陵秋夜讀進士常修三篇因題

入蜀歸吳三首詩藏於笥篋重於師劔關夜讀相如聽
瓜步秋吟煬帝悲景物也知輸健筆時情誰不許高枝
明年二月春風裏江島閑人慰所思

徐寇南逼感事獻江南知已次韻

酒闌離思浩無窮西望維揚憶數一作次公萬里飄零身未
了一家知獎意曾同雲横一作遮晉國塵應暗路轉吳江信
不通今日便成盧子諒滿襟珠淚隋霜風

淮南送盧端公歸臺

鳳鸞勢逸九霄寬北去南來任羽翰朱紱兩參一作驂王儉
府繡衣三領杜林官道從上一作澤國曾匡濟才向牢盆始
重難應笑張綱謾生事埋輪不得在長安

煬帝陵

入郭登橋出郭船紅樓日日柳年年君王忍把平陳業
只博一作換雷塘數畝田

隋堤柳

夾路一作岸依依千一作十里遥路人回首認隋朝春風未借一作惜
宣華意猶費工夫長綠條

中元夜泊淮口

木葉迴飄一作迎飈水面平偶因一作停孤棹已三更秋涼霧露侵
燈下夜靜魚龍逼岸行欹枕正牽題柱思隅樓誰轉遶
梁聲錦帆天子狂魂魄應過揚州看月明

故都

江南江北兩風流一作迷津一拜侯至竟不如隋煬帝
破家猶得到揚州

江都

淮王高讌動江都曾憶狂生亦坐隅九里樓臺牽翡翠
兩行鴛鷺踏眞珠歌聽麗句秦雲咽詩轉新題蜀錦鋪
惆悵晉陽星拆後世間兵革地荒蕪

重九日廣陵道中

秋山抱病何處登前時韋曲今廣陵廣陵大醉不解悶
韋曲舊遊堪拊膺佳節縱饒隨分過流年無奈得人憎
却驅羸馬向前去牢落路岐非所能

淮南送節度盧端公將命之汴州端公常為汴
州相公從事

吹臺高倚圃田東此去軺車事不同珠履舊叅蕭相國
綵衣今佐晉司空醉離淮甸寒星下吟指梁園密雪中
到彼的知宣室語幾時徵拜黑頭公

送盧端公歸臺盧校書之夏縣

綿綿隄草拂征輪，龍虎俱辭楚水濱。只見勝之爲御史，不知梅福是仙人。地推八米源流盛，才笑三張事業貧。一種西歸一般達，柏臺霜冷夏城春。

淮南送工部盧員外赴闕一作任

始從豸角曳長裾，又吐鷄香奏玉除。隋邸舊僚推謝掾，漢廷高議得相如。貴分赤筆升蘭署，榮著緋衣從板輿。遥想到時秋欲盡，禁城凉冷露槐疎。

淮南送司勳李郎中赴闕

中朝品秩重文章，雙筆依前賜望郎。五夜星辰歸帝座，半年樽俎奉梁王。南都水煖蓮分影，北極天寒雁著行。不必戀恩多感激，過淮應合見徵黄。

江北

廢宮荒苑莫閑愁，成敗終須要徹頭。一種風流一種死，朝歌争得似揚州。

延和閣詩 高駢末年惑於神仙之術，起延和閣於大廳之西，七間，高八丈，飾以珠玉，綺窗繡户，殆非人工。每旦焚名香，祈王母之降。及畢師鐸亂，人有登之者，於藻井垂蓮之上見二十八字云

延和高閣上干雲，小語猶疑太乙聞。燒盡降眞無一事，開門迎得畢将軍。

高蟾

高蟾，河朔人。乾符三年登進士第，乾寧間爲御史中丞。

瓜洲夜泊

偶爲芳草無情客況是青山有事身一夕瓜洲渡頭宿
天風吹盡廣陵塵

秦韜玉

秦韜玉字仲明京兆人中和二年得准勑及第僖宗幸
蜀以工部侍郎爲田令孜神策判官投知小錄三卷

隋隄

種柳開河爲勝遊隄前常使路人愁陰埋野色萬條思
翠束寒聲千里秋西日至今悲兔苑東坡終不反龍舟
遠山應見繁華事不語青青對水流

唐彥謙

唐彥謙字茂業并州人咸通時舉進士十餘年不第乾

符末攜家避地漢南中和中王重榮鎮河中辟爲從事
光啓末貶漢中掾曹楊守亮鎮興元署爲判官累官至
副使閬壁絳三州刺史彥謙博學多藝文詞壯麗至於
書畫音樂無不出於輩流號鹿門先生集三卷

螢

日下蕪城莽蒼中濕螢撩亂起衰（一作花）叢寒煙陳后長門
閉夜雨隋家舊苑空星散欲陵前檻月影低如試北窗
風羈人此夕方愁緒心似寒灰首似蓬

鄭谷

鄭谷字守愚袁州人光啓三年擢第官右拾遺歷都官
郎中幼即能詩名盛唐末有雲臺編三卷宜陽集三卷

外集三卷

淮上與友人别

揚子江頭楊柳春楊花愁殺渡江人數聲風笛離亭晚君向瀟湘我向秦

吴融

吴融字子華越州山陰人龍紀初及進士第韋昭度討蜀表掌書記累遷侍御史去官依荆南成汭久之召爲左補闕拜中書舍人昭宗反正造次草詔無不稱旨進户部侍郎鳳翔刼遷融不克從去客閿鄉俄召還翰林遷承旨卒有唐英集三卷

題揚子津亭

揚子江津十四經紀行文字徧長亭驚人旅鬢斬新白無事海門依舊青前路莫知霜凛凛故鄉何處鴈冥冥可憐不識生離者數點漁帆落暮汀

途次淮口

寒流萬派碧南渡見煙光人向隋宮近山盤楚塞長有村皆緣暗無徑不紅芳已帶傷春病如何更異鄉

李周彈箏歌 淮南韋太尉席上贈

古人云絲不如竹竹不如肉（一作古云絲聲不如竹又云竹聲不如肉）乃知此語未必然李周彈箏聽不足聞君七歲入歲時五音六律皆生知就中十三弦最妙應宮（一作官）出入年方少青驄慣走長楸日（一作間）幾度承恩蒙急召（一作召急）一字雁行斜（一作雁字斜行近）御筵

鏘金戛羽凌非（一作霏）煙始似五更殘月裏淒淒切切清露蟬又如石罅堆葉下泠泠瀝瀝蒼崖泉鴻門玉斗初向地織女金梭飛上天有時上苑繁花發有時太液秋波潤當頭獨坐撚一聲滿座好風生拂拂天顏開（一本有令字）聖心悦紫金白珠霑賜物出來無暇更還家且上青樓醉明月年將六十藝轉精自寫梨園新曲聲近來一事還惆悵故里春荒煙草平供奉供奉且聽語自昔興衰看樂府秖如伊州與梁州盡是太平時歌舞旦夕君王繼此聲不要停弦淚如雨

隋堤

搔首隋堤落日斜已無餘柳可藏鴉岸傍昔道牽龍艦河底今來走犢車曾笑陳家歌玉樹却隨後主看瓊花四方正是無虞日誰信黎陽有古家

杜荀鶴

杜荀鶴字彦之池州人有詩名自號九華山人大順二年第一人擢第復還舊山宣州田頵遣至汴通好朱全忠厚遇之表授翰林學士主客員外郎知制誥恃勢侮易縉紳衆怒欲殺之而未及天祐初卒自序其文爲唐風集十卷

維揚逢詩友張喬

天下方多事逢君得話詩直應吾道在未覺國風衰生計吟消日人情醉過時雅篇三百首留作後來師

維揚冬末寄幙中二從事（缺第三句）

聞道長溪尉相留一館閑　尚隔幾重山爲旅春風外懷人夜雨間年來踈覽鏡怕見減朱顔

維揚春日再遇孫侍御

本（一作不）爲榮家不爲身讀書誰料轉家貧三年行却千山路兩地思歸一主人絡岸柳絲懸細雨繡田花朶弄殘春多情御史應嗟見未上（一作到）青雲白髮新

送蜀客遊維揚

見説西川景物繁維揚景物勝西川青春花柳樹臨水白日綺羅人上船夾岸畫樓難惜醉數橋明月不教眠送君嬾問君囘日才子風流正少年

韋莊

韋莊字端己杜陵人見素之後踈曠不拘小節乾寧元年第進士授校書郎轉補闕李詢爲兩川宣諭和協使辟爲判官以中原多故潛欲依王建建辟爲掌書記尋召爲起居舍人建表留之後相建爲平章事集二十卷

潤州顯濟閣曉望

清曉水如鏡隔江人似鷗遠煙藏海島初日照揚州地壯孫權氣雲凝庾信愁一篷何處客吟凭釣魚舟

江亭酒醒却寄維揚餞客

別筵人散酒初醒江步黄昏雨雪零滿坐綺羅皆不見覺來紅樹（一作蠋）背銀屏

過揚州

當年人未識兵戈處處青樓夜夜歌花發洞中春日永月明衣上好風多淮王去後無雞犬煬帝歸來葬綺羅二十四橋空寂寂綠楊摧折舊官河

汴堤行

欲上隋堤舉步遲隔雲烽燧叫非時纔聞破虜將休馬又道征遼再出師朝見西來爲過客暮看東去作浮屍綠楊千里無飛鳥日落空投舊店基

雜感

莫悲建業荊榛滿昔日繁華是帝京莫愛廣陵臺榭好也曾蕪沒作荒城魚龍爵馬皆如夢風月煙花豈有情

行客不勞頻悵望古來朝市歎衰榮

張蠙

張蠙字象文清河人初與許棠張喬齊名登乾寧二年進士第爲校書郎櫟陽尉犀浦令入蜀拜膳部員外終金堂令詩一卷

贈江都鄭明府

他人豈是稱才術才術須觀力有餘兵亂幾年臨劇邑公清終日似閑居牀頭怪石神仙畫篋裏華牋將相書更欲棲蹤近彭澤香爐峰下結茅廬

李洞

李洞字才江京兆人諸王孫也慕賈島爲詩鑄其像事

之如神時人但誚其僻澀而不能貴其奇峭唯吳融稱之昭宗時不第遊蜀卒詩三卷

送韋太尉自坤維除廣陵

全蜀拜揚州征（一作徂）東轂武侯直來萬里月旁到五峰秋幢泠遮高雪旗（一作旌）閑卓亂流謝朝明主喜登省舊寮愁隔海城通舶連河市響樓千官倚元老虛夢法雲遊

劉坦

劉坦進士第一人及第周恭帝時李重進鎮淮南辟爲掌書記詩一首

書從事廳屏上（南部新書坦好酒在維揚幕李帥嘗令酒庫但書記有客無多少供之尋爲酒吏頗憸須索甚）

鄭因書廳屏云云

金殿試迴新折桂將軍留辟向江城思量一醉猶難得辜負揚州管記名

江爲

江爲宋州人避亂家建陽遊廬山師陳貺爲詩集一卷

隋堤柳

錦纜龍舟萬里來醉鄉繁盛忽塵埃空餘兩岸千株柳雨葉風花作恨媒

陳陶

陳陶字嵩伯嶺南（一云鄱陽 一云劍浦）人大中時遊學長安南唐昇元中隱洪州西山後不知所終詩十卷

續古二十九首選一

隋煬棄中國龍舟巡海涯春風廣陵花不見秦宮花

李中

李中字有中隴西人仕南唐爲淦陽宰碧雲集三卷今

廣陵寒食夜

廣陵寒食夜豪貴足佳期紫陌人歸後紅樓月上時綺羅香未歇絲竹韻猶遲明日踏青興輸他輕薄兒

徐鉉

徐鉉字鼎臣廣陵人十歲能屬文與韓熙載齊名江東謂之韓徐仕吳爲祕書郎仕南唐歷中書舍人翰林學士吏部尚書歸宋爲散騎常侍坐貶卒鉉文思敏速凡所撰述往往執筆立就精小學篆隸尤工集三十卷

將過江題白沙館

少長在維揚依然認故鄉金陵佳麗地不道少風光稍望吳臺遠行登楚塞長殷勤語江嶺歸夢莫相妨

登甘露寺北望

京口潮來曲岸平海門風起浪花生人行沙上見日影舟過江中聞櫓聲芳草遠迷揚子渡宿煙深映廣陵城游人鄉思應如橘相望須含兩地情

從駕東幸呈諸公

吳公臺下舊京城曾掩衡門過十春别後不知新景象信來空問故交親宦游京口無高興習隱鍾山限俗塵今日喜爲華表鶴況陪鵷鷺免迷津

送和州張員外爲江都令

經年相望隔重湖一旦相逢在上都塞詔官班聊慰否
埋輪意氣尚存無由來聖代憐才子始覺清風激懦夫
若向西岡尋勝賞舊題名處爲躊躇

月眞歌 月眞廣陵妓女翰林殷舍人所録携之垂訪筵上贈此

揚州勝地多麗人其間麗者名月眞月眞初年十四五
能彈琵琶善歌舞風前弱柳一枝春花裏嬌鶯百般語
揚州帝京多名賢其間賢者殷德川德川初秉綸闈筆
職近名高常罕出花前月下或遊從一見月眞如舊識
閑庭深院資賢宅宅門嚴峻無凡客垂簾偶坐唯月眞
調弄琵琶郎爲拍殷郎一旦過江去鏡中嬾作孤鸞舞

朝雲暮雨鎮相隨石頭城下還相遇二月三月江南春
滿城濛濛起香塵隔牆試聽歌一曲乃是資賢宅裏人
綠窗繡幌天將曉殘燭依依香裊裊離腸却恨苦多情
輭障薰籠空悄悄殷郎去冬入翰林九霄官署轉深沉
人間想望不可見唯向月眞存舊心我數闒茸何爲者
長感餘光每相假陋巷蕭條正掩扉相攜訪我衡茅下
我本山人愚且貞歌筵歌席常無情自從一見月眞後
至今羸得顛狂名殷郎月眞聽我語少壯光陰能幾許
良辰美景數追隨莫教長說相思苦

寄江都路員外

吾兄失意在東都聞說襟懷任所如已縱乖慵爲傲吏

有何關鍵制豪胥縣齋曉閑多移病南畝秋荒憶遂初
知道故人相憶否嵇康不得嬾修書

柳枝辭十二首選一

暫别揚州十度春不知光景屬何人一帆歸客千條柳
腸斷東風楊子津

贈維揚故人

東京少長認維桑書劒誰教入帝鄉一事無成空放逐
故人相見重凄凉樓臺寂寞官河晚人物稀踈驛路長
莫怪臨風惆悵久十年春色憶維揚

迴至瓜洲獻侍中

紫微垣裏舊賓從來向吳門謁府公奉使謬持嚴助節

登門初識魯王宮笙歌隱隱違離後煙水茫茫悵望中
日暮瓜洲江北岸兩行清淚滴西風

邵伯埭下寄高郵陳郎中

故人相别動經年候館相逢倍慘然顧我飲冰難輟櫂
感君扶病爲開筵河灣水淺翹秋鷺柳岸風微噪暮蟬
欲識酒醒魂斷處謝公祠畔客亭前

徐鍇

徐鍇字楚金廣陵人鉉之弟南唐時爲屯田郎中知制
誥集賢殿學士集十五卷

送程德琳郎中學士（得遠山）

瓜步妖氛滅峴岡草樹青終朝空望極今日送君行報

政秋雲靜微吟曉月生樓中長可見特用減離情

喬舜

喬舜字亞元高郵人初爲祕書省正字保大中歷中書舍人終刑部侍郎詩一首

送德林郎中學士赴東府得江

摻袂向江頭朝宗勢未休何人乗桂楫之子過揚州颯颯翹沙鴈漂漂逐浪鷗欲知離別恨半是淚和流

徐振

雷塘

九重城闕悲涼盡一聚園林怨恨長花憶所爲猶自笑草知無道更應荒詩名占得風流在酒興催教運祚亡

若問皇天惆悵事只應斜日照雷塘

朱晦詩一首

秋日送別

荒郊古陌時時斷野水浮雲處處秋唯有河邊衰柳樹蟬聲相送到揚州